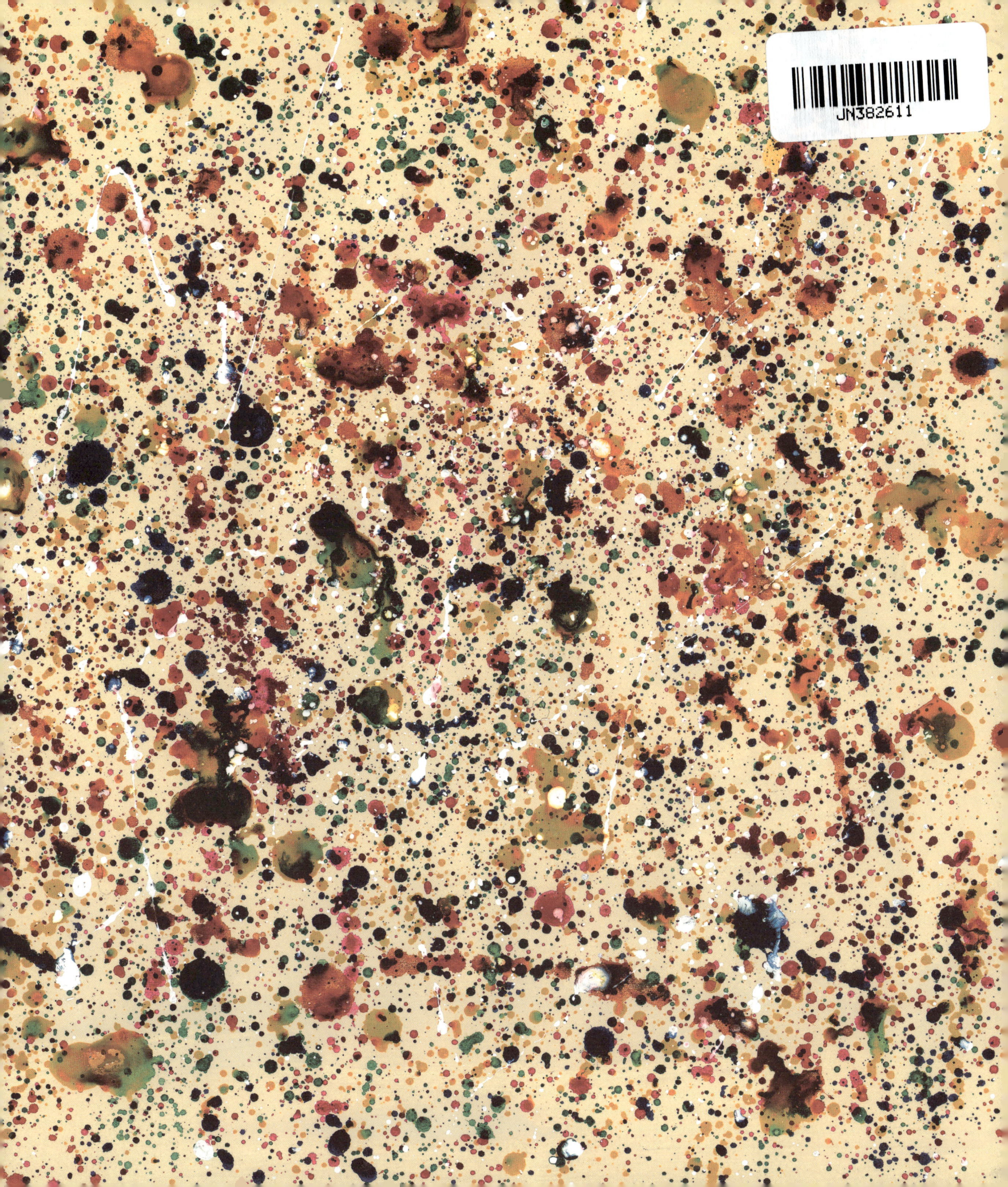

글 **캐서린 바**
생태학을 전공한 뒤 그린피스에서 활동하다가, 자연사 박물관 에디터가 되었습니다.
지금은 웨일스 지방 변두리에서 가족과 함께 살면서, 호기심을 불러일으키는 논픽션 그림책과
'작은 아이들을 위해 큰 주제의 이야기'를 쓰고 있습니다. 지역 독서 홍보 대사로도 활동하고 있습니다.

글 **스티브 윌리엄스**
웨일스 대학교에서 해양 생물학과 응용 동물학을 공부했습니다. 8년 동안 바다에서 보낸 뒤에
지금은 과학 교사로 일합니다. 열정적인 양봉가이자 천문학자이며 헤이온와이의 컴컴하고
어두운 하늘 아래에서 가족과 함께 살면서 수천 마리의 벌을 기르고 있습니다.

그림 **에이미 허즈번드**
리버풀 예술학교에서 그래픽아트를 공부했습니다. 첫 그림책 『Dear Miss』로 2010년에
캠브리지셔 어린이 그림책 상을 받았습니다. 이 시리즈의 다른 책 『지구에 생명이 태어났어요(The Story of Life)』,
『신비하고 아름다운 우주(The Story of Space)』, 『The Story of People』에 그림을 그렸습니다. 지금은 요크셔 동부의
시골에서 가족과 함께 살면서 재미있고 무한한 상상력이 돋보이는 그림을 그리고 있습니다.

옮김 **신동경**
춘천에서 태어났습니다. 출판사에서 편집자로 일하며 과학 그림책과 자연 생태 그림책을 만들었습니다.
지금은 과학책을 읽으며 느낀 즐거움과 감동을 어린이들에게 전하는 글을 쓰며 지냅니다. 쓴 책으로
『나는 138억 살』, 『나는 태양의 아이』, 『공정 무역, 카카오 농장 이야기』, 『물은 어디서 왔을까?』 등이 있습니다.

지구를 위한
발명 이야기

2021년 5월 20일 초판 1쇄 인쇄
2024년 4월 25일 초판 4쇄 발행

지은이	캐서린 바 • 스티브 윌리엄스
그린이	에이미 허즈번드
옮긴이	신동경
펴낸이	김상미, 이재민
편집	서현미
디자인	나비
종이	다올페이퍼
인쇄	청아문화사
제본	신안제책
펴낸곳	너머학교
주소	서울시 서대문구 증가로20길 3–12 1층
전화	02)336–5131, 335–3366, 팩스 02)335–5848
등록번호	제313–2009–234호
ISBN	978-89-94407-87-6 74400
	978-89-94407-83-8 74400(세트)

The Story of INVENTIONS
Text ⓒ Catherine Barr and Steve Williams 2020
Illustrations ⓒ Amy Husband 2020
Originally published in the English Language as 『The Story of INVENTIONS』
in 2020 by Frances Lincoln Children's Books, an imprint of The Quarto Group.
All rights reserved.
Korean translation copyright ⓒ Nermerbooks 2021
This Korean edition published by arrangement with The Quarto Group.

www.nermerbooks.com
너머북스와 너머학교는 좋은 서가와 학교를 꿈꾸는 출판사입니다.

지구를 위한
발명 이야기

캐서린 바·스티브 윌리엄스 글 | 에이미 허즈번드 그림 | 신동경 옮김

너머학교

바퀴는 청동기시대에 처음으로 발명되었어.
바퀴 덕분에 세상이 바뀌었지.
옹기장이들은 바퀴 한가운데에 흙을 올려놓고
빙빙 돌리며 그릇을 빚었어.

한참 뒤, 사람들은 큰 상자에 바퀴를 달아 수레를 만들었어.
말에게 채울 마구도 만들었어.
마구를 채운 말과 수레를 연결하니 마차가 되었지.
바퀴도 가볍게 바꾸었어. 통나무 바퀴 가운데를
잘라 내고, 막대 모양의 바큇살로 테두리를 연결했어.
얼마 뒤 가벼운 바퀴를 단 마차가 전쟁터에 나타났어.
마차가 전차가 된 거야. 전차는 빨랐어.
전차를 탄 병사들이 전쟁에서 큰 활약을 했지.
전차는 곧 아시아 여러 나라와 이집트까지 퍼졌어.
덜컹덜컹 구르는 바퀴가 전쟁 모습까지 바꾼 거야.

기원전 3500년 바퀴 발명

북극성을 따라가자!

아주 먼 옛날, 여행길에 오른 사람들은 별을 이용해 길을 찾았어. 늘 북쪽에 떠 있는 북극성 같은 별이 방향을 알려 주었지. 하지만 구름이 낀 날에는 길을 찾기 힘들었어. 이상한 돌이 길을 알려 주기 전까지는 그랬어.

자철석

자철석은 천연자석인데 줄에 매달면 빙글빙글 돌다가 북쪽을 가리켜. 중군 군대가 자철석으로 나침반을 만들었어. 안개 속에서도 나침반으로 길을 찾아 적군을 쫓을 수 있었지. 북쪽을 알면, 나머지 방향은 금방 알아낼 수 있거든.

기원전 270년 나침반 발명

나중에는 자철석 대신에 쇠 바늘을 자석으로 만들어 썼어. 뱃사람들은 날씨가 좋을 때나 나쁠 때나 나침반으로 길을 찾았어. 비행기가 발명된 뒤에는 하늘에서 쓸 나침반도 만들었어. 지금은 인공위성들이 길을 알려 줘. 인공위성을 이용해 자기 위치를 알아내는 시스템이 지피에스(GPS)야.

중국 황제의 신하가 종이를 발명했어.
신하는 나무껍질을 부수고 으깨어 천 조각과 물을 섞은 다음, 잘 눌러서 평평하게 폈어.
그걸 잘 말렸더니 종이가 되었지. 신하는 종이를 귀중한 물건을 싸는 데 썼어.

사람들은 곧 종이에 글씨를 쓰기 시작했어. 종이는 글씨를 쓰는 데 사용하던 비단보다 싸고 대나무보다 가벼웠어. 전쟁에서 포로로 잡혀간 중국 종이 기술자들이 이웃 나라에 종이 만드는 비밀을 알려 주었지. 하지만 먼 나라 사람들은 여전히 동물 가죽에 글씨를 썼어.

기원전 100년 종이 발명

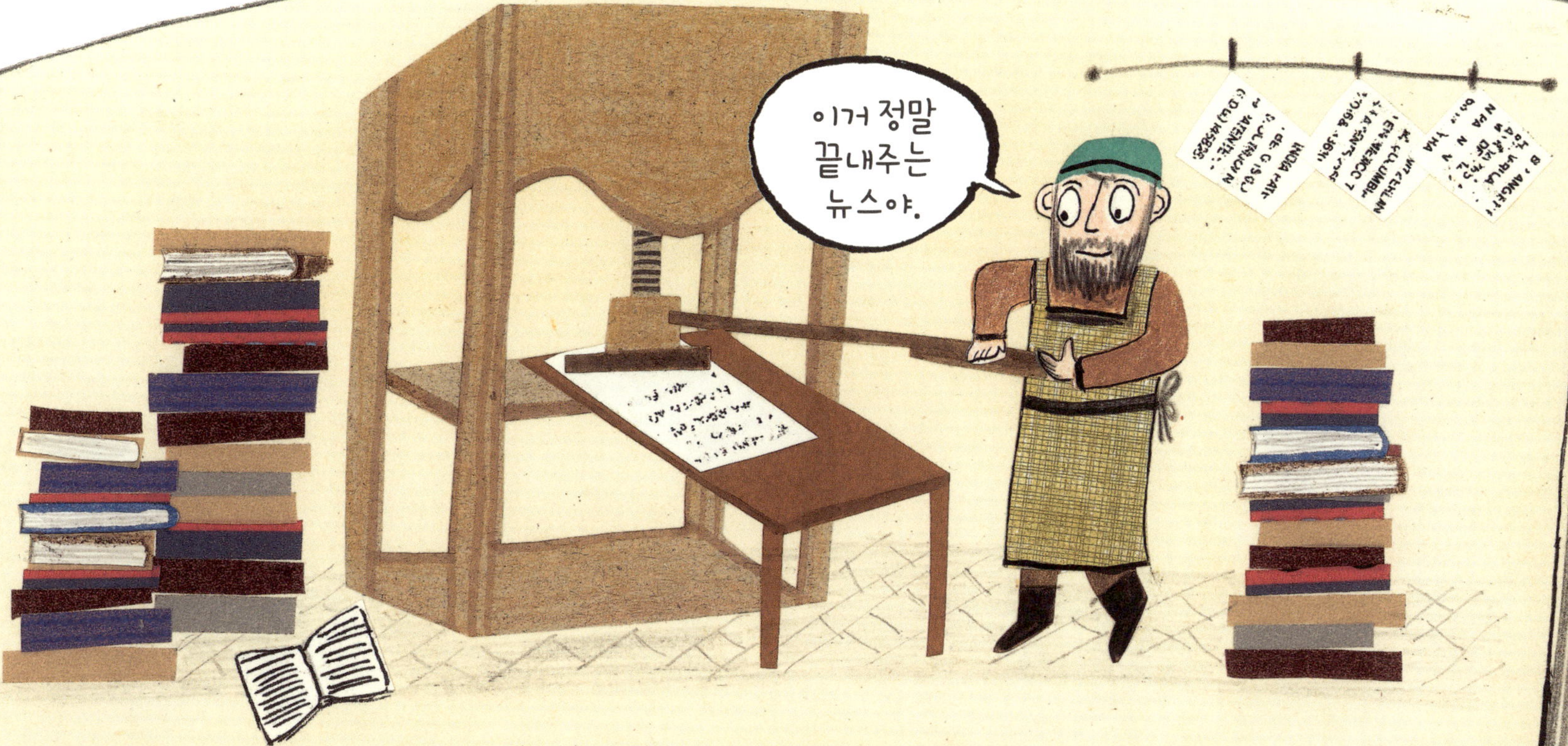

이거 정말 끝내주는 뉴스야.

한참 뒤, 유럽에서 인쇄기가 발명되었어. 한 글자 한 글자 베껴 써서 만들던 책을 쉽게 찍어 내게 되었지. 종이에 인쇄기로 찍은 책이 산더미처럼 쌓였어. 누구나 책을 읽고 어디서나 공부를 하게 되었지. 사람들은 이야기와 시를 읽으며 새로운 세상을 꿈꾸었고, 신문은 변화하는 세상 소식을 전해 주었어.

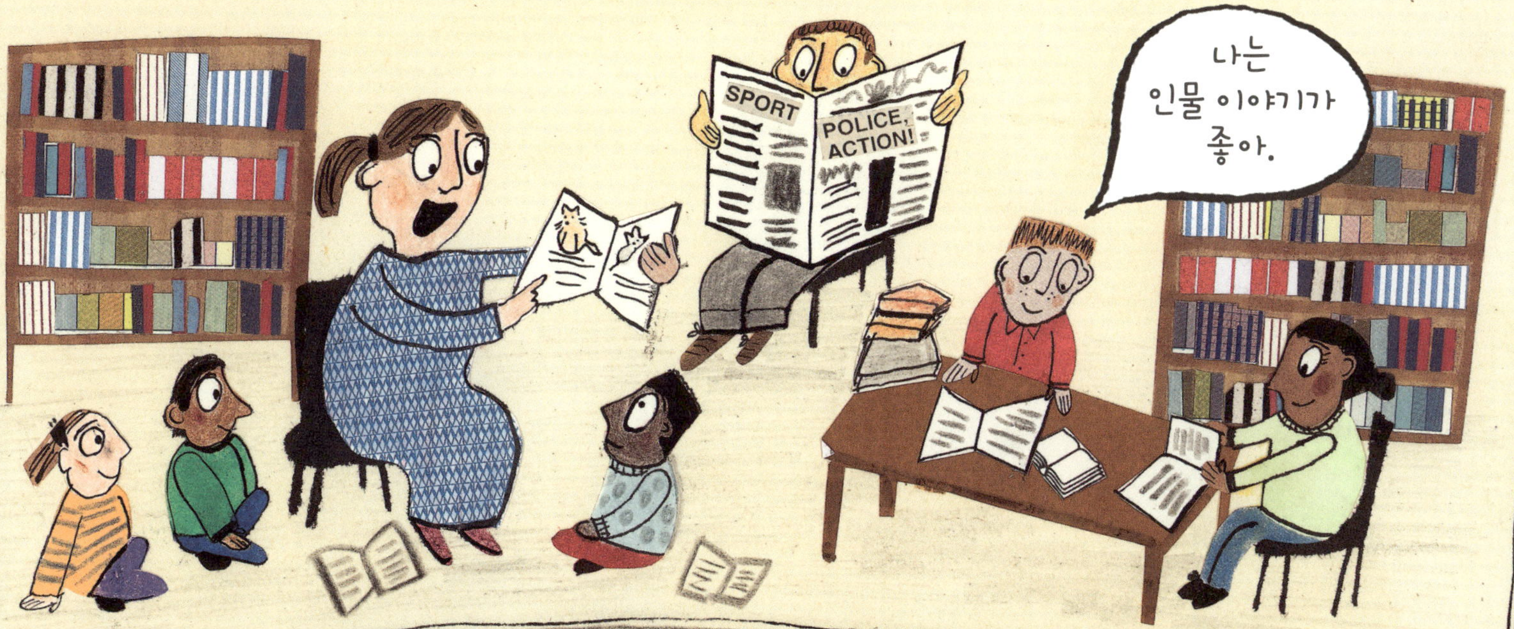

나는 인물 이야기가 좋아.

해시계로는 날씨가 나쁘면 시간을 알기 어려웠어.
해시계는 태양이 드리우는 그림자로 시간을 재는데
흐린 날에는 쓸 수 없었거든. 모래를 떨어뜨리거나
초를 태우거나 물을 흘려보내서 시간을 재기도 했어.
하지만 정확하지 않았어.

중국 승려가 처음으로 정확한 물시계를 발명했어.
흐르는 물로 톱니바퀴를 돌리는 방법을 썼어.
이 물시계는 한 시간마다 종을 울려 사람들에게 시간을 알려 주었지.
중세 수도원에서는 기도 시간을 지키려고 새로운 시계를 만들었어.
나중에는 무거운 추가 흔들리며 시간을 알려 주는 시계가 나왔어.
추가 똑딱똑딱 규칙적으로 흔들리니까 추시계는 정확했어.
하지만 태엽 감는 걸 까먹기라도 하면 시계가 멈추어 버렸어.

물시계

725년 시계 발명

뻐꾸기시계

수정이라는 광물이 이 문제를 해결해 주었지. 수정은 전기가 흐르면 규칙적으로 떨어. 그걸 이용해 시간을 재는 거지. 배터리만 넣어 주면 수정시계가 멈출 일은 없어. 현재 가장 정확한 시계는 원자의 진동으로 시간을 재는 원자시계야. 얼마나 정확한지 150억 년에 딱 1초가 느려질 정도야. 인공위성이나 우주선에도 원자시계가 쓰여.

쉬지 않고 흐르는 시간을 알려 주는 시계

중국에서 일어난 일이었어. 영원히 살게 해 주는 신비한 약을 만들려고
실험을 했는데, 펑! 연기만 남기고 실패했지. 신비한 약 대신에 불을 붙이면
폭발하는 신비한 검은 가루를 만든 거야. 화약은 그렇게 실수로 발명되었어.
화약을 만드는 비법은 실크로드를 따라서 아시아에서 유럽과 그 너머로 퍼져 나갔어.

곧 화약으로 쏘는 대포와 총이 생겼어. 그 뒤부터 어느 군대나 대포와 총으로
무장했지. 힘들이지 않고도 총알과 대포알을 멀리 보낼 수 있는데 왜 안 그러겠어.
타닥타닥 터지며 밤하늘을 밝히는 불꽃놀이에도 화약이 쓰여.

석탄불이 일으킨 혁명으로 사람들은 더 바쁘게 살게 되었어.
석탄을 태워 증기를 만들기 전에는, 물이나 바람이나
말의 힘으로 느릿느릿 기계와 도구를 돌리고
마차와 수레를 끌었어.

1712년 증기기관 발명

산업혁명이 일어나자 사람들이 공장에서 일하려고 도시로 몰려들었어.
복잡한 도시에서는 질병이 빨리 퍼졌어.
특히 쉽게 번지는 천연두에 걸리면 온몸에 물집이 잡히고, 목숨을 잃기도 했어.
그런데 신기하게도, 우두를 앓았던 목장 일꾼들은 천연두에 걸리지 않았어.
우두는 천연두보다 약한 질병이야.

1798년 백신 접종 발명

그걸 보고 영국의 한 의사가 기막힌 생각을 했어. 의사는 남자아이를 데려다가 일부러
우두를 앓게 했어. 그다음에 천연두에 걸리게 해 보았지. 남자아이는 멀쩡했어.
우두를 앓는 동안, 아이 몸이 천연두와 싸울 준비를 한 거였어.
이 의사가 처음으로 백신을 발명한 거야. 백신을 맞은 사람들은 천연두에 걸리지 않게 되었지.

오늘날에는 해마다 수백만 명이 백신 덕분에 목숨을 구해. 새로운 백신도 해마다 나와.
지금도 과학자들이 치명적인 질병을 물리칠 백신을 발명하려고 날마다 애쓰고 있어.

1830년대 컴퓨터 발명

'기계로 수학 문제를 풀 수 있을까?'
기발한 생각이었지만 사람들은 컴퓨터를 만드는 건 불가능하다고 생각했어. 그러다가 계산을 척척 해내는 컴퓨터를 만들 수 있다는 걸 알아냈어. 아직 컴퓨터를 만들지는 못했지만, 컴퓨터를 만들 방법을 발명한 거야.

우리는 컴퓨터를 이용해 복잡한 정보를
처리할 수 있어. 그 덕분에 우리 자신과
세상을 더 잘 이해하게 되었어.
컴퓨터가 지도를 그리고, 교통 신호등을 바꾸고,
날씨를 미리 알려 주고, 위험한 태풍이
지나가는 길을 예측해. 이제는 컴퓨터가 없는
세상은 상상할 수도 없게 되었어.

이거 진짜 빠른걸.
놀라워!

실제로 처음 만든 컴퓨터는 독일군 암호를 풀었어. 컴퓨터의
도움으로 연합군이 제2차 세계대전에서 승리했지. 그 뒤로 더욱
강력한 컴퓨터들이 등장했어. 생활은 더 편리해지고 우리 삶도 변했지.
이 놀라운 기계가 언젠가 사람보다 더 똑똑해지면 어떻게 될까?
인공지능이 사람을 지배하게 될까 봐 걱정하는 사람도 있어.

전기는 아주 오래전에 발견되었어. 신기한 전기는 흥미를 끌었지만 별 쓸모는 없었어. 과학자들이 오랜 노력 끝에 전기의 비밀을 알아내기 전까지는 그랬어.

과학자들은 전기모터를 발명했어. 전기가 흐르면 빙글빙글 돌아가는 기계가 전기모터야. 그럼, 거꾸로 다른 힘으로 전기모터를 돌리면 전기가 생기지 않을까? 맞아. 사람이든 증기기관이든 흐르는 물이든 아무것으로나 모터를 돌리면 전기가 생겨. 그게 발전기야. 발전기를 발명한 뒤에야 비로소 전기를 이용할 수 있었어. 딸깍! 스위치를 올리자, 인간 역사가 빛 속으로 들어섰어.

1832년 전기모터 발명

전구를 켜는 것 말고도 전기로 할 수 있는 게 또 있었어. 과학자들은 목소리를 전기신호로 바꾸는 방법을 찾아냈어. 전기신호를 다시 목소리로 바꿀 수도 있었지. 이 일을 하는 게 전화기야. 전기신호는 구리 전선을 타고 멀리 이동할 수 있어. 전선으로 연결된 전화기로 멀리 떨어진 사람들이 대화를 나누게 된 거야.

몇십 년 뒤, 대서양에 해저 케이블이 깔렸어. 유럽과 아메리카를 연결하는 전화선이었지. 따르릉! 전화벨이 울리면, 수화기를 집어 들고 바다 건너편 사람과 이야기하고, 새로운 소식과 소문을 주고받게 되었어. 온 세상이 전화로 연결되기 시작한 거야.

1876년 전화 발명

처음 나온 스마트폰은 크고 무거웠어. 요즘 스마트폰은 얇아서 주머니에 쏙 들어가고 손목에 찰 수도 있어. 오늘날에는 부자든 가난한 사람이든 스마트폰 하나로 온 세상 사람들과 소식을 주고받을 수 있어.

전화를 걸면 멀리 떨어진 사람과 바로 대화할 수 있었어. 하지만 직접 만나려면 여전히 시간이 걸렸어.
마차를 타거나 시커먼 연기를 내뿜는 기차로 오래 여행하는 건 더럽고, 시끄럽고, 냄새나는 일이었지.

새로운 엔진 덕분에 자동차가 세상에 나왔어. 휘발유로 움직이는 작은 엔진이었지. 처음에는 비싼 부품들을 하나씩 만들어 자동차를 조립했어. 나중에는 공장에서 대량으로 생산했지. 그러자 가족마다 자동차를 사서 몰고 나왔어. 그 바람에 도로가 막히기 시작했지.

1886년 자동차 발명

자동차 도로가 땅을 뒤덮는 동안, 하늘은 새들의 차지였어.
어느 바람 부는 날, 미국에서 두 형제가 처음으로 비행에 성공할 때까지는 그랬지.
두 형제의 비행기는 휘발유 엔진으로 프로펠러를 돌려 날아올랐어.

처음 20년 동안, 비행기는 소포와 편지를 실어 날랐어. 사람을 태우는 여객기는 나중에 등장했어. 제트엔진으로 나는 대형 여객기가 나온 뒤에는 싼값으로 땅을 내려다보며 휴가를 떠나게 되었지. 지금은 항공료가 싸서 수많은 사람이 비행기로 여행을 다녀. 그 때문에 하늘이 오염되고 지구가 그 대가를 치르고 있지.
비행기 엔진이 내뿜는 오염 물질도 기후변화의 원인이야.

1903년 비행기 발명

사람들은 더 멀리, 우주까지 날아가고 싶었어.
그래서 로켓을 발명해 우주로 쏘아 보냈지.
지금은 수많은 인공위성이 지구 주위를 돌고 있어.
우주 쓰레기도 지구 주위를 돌아. 우주 쓰레기가 뭐냐고?
망가져서 못 쓰는 인공위성이야.

요즘에는 우주인들은 화성에서 살 꿈을 꾸고,
과학자들은 우주 망원경으로 새 행성을 찾고 있지.

멀리 바다 건너에서는 한창 전쟁이 벌어지고 있었어.
군인들이 싸우는 동안, 과학자들은 조용하고 외딴 마을에서
원자를 붙들고 씨름했어. 원자에너지의 비밀을 캐려는 거였지.
과학자들은 원자핵을 쪼개면 어마어마한 에너지가 나온다는 걸 알아냈어.

1945년 핵폭탄 발명

과학자들의 연구는 괴물 발명으로 이어졌어.
그 괴물은 아무도 본 적 없는 어마어마한 폭탄이었어.
거대한 핵폭발을 일으킬 수 있게 된 거야.

제2차 세계대전이 끝날 무렵에 미국이 핵폭탄 두 발을
일본에 떨어뜨렸어. 핵폭발이 일어나 수십만 명이 죽었어.
전 세계 사람들이 충격을 받았지. 사람들은 곳곳에서
핵폭탄을 막기 위해 평화를 외치며 행진했어.

하지만 비밀 벙커에는 아직도 수많은 핵폭탄이 쌓여 있어.
평화롭고 안전한 세상을 만들려면, 우리 모두 힘을 합쳐야 해.

컴퓨터도 더 좋아졌어. 인터넷으로 연결된 컴퓨터들이 이미 놀라운 일들을 해내고 있지. 컴퓨터가 우리가 어떻게 느끼고 어떻게 행동할지 예측해. 우리 기분이 좋아지는 음악도 알아서 틀어 주지. 가장 작은 컴퓨터는 세포 온도를 잴 수 있는데 쌀알에 올려놓을 수 있어.

미래 컴퓨터는 우리가 상상하는 것보다 더 작고 더 똑똑할 거야. 이 놀라운 발명품을 사람들과 우리 행성 지구를 돌보는 데 쓰려면 어떻게 해야 할까? 우리가 함께 결정해야 해.

기원전 3500년 바퀴 발명　　　　기원전 270년 나침반 발명

용어 해설

광물 땅에서 얻는 물질로 보통 암석에 들어 있다.

기후변화 오랜 기간에 걸쳐서 일어나는 지구 기후의 변화. 현재 기후변화의 가장 큰 원인은 석유와 석탄 같은 화석연료를 사용하고 대규모로 숲을 파괴하는 사람의 활동이다.

바이오 연료 콩, 옥수수, 해초 같은 생물이나 가축의 똥처럼 생물이 내놓은 것에서 얻은 연료. 자동차나 버스 같은 교통수단에 사용한다.

바큇살 바퀴의 중심에서 가장자리 쪽으로 부챗살 모양으로 뻗친 막대. 나무나 쇠로 만든다. 바큇살을 이용하면 바퀴를 가볍고 튼튼하게 만들 수 있다.

산업혁명 18세기에 증기기관과 짧은 시간에 많은 물건을 만드는 기계의 등장으로 산업의 중심이 농업과 수공업에서 기계공업으로 바뀐 일. 공장이 있는 도시의 인구가 크게 늘었다.

서스펜션 용수철 등을 달아 차가 덜컹거릴 때 생기는 충격을 흡수하는 장치. 이 장치 덕분에 차에 탄 사람이 충격을 덜 받는다. 완충 장치라고도 한다.

세포 생물을 이루는 기본 단위. 지구의 모든 생물은 세포로 이루어진다.

수도원 수도승들이 엄격한 규율을 지키며 공동으로 수행하는 곳.

실크로드 아시아와 유럽을 연결하는 길로 약 2,000년 전부터 무역에 이용되었다.

원자 물질을 구성하는 기본 단위. 아주 작은 알갱이로 우주의 모든 것이 원자로 이루어진다.

인공위성 지구궤도를 돌도록 로켓으로 쏘아 올린 인공 장치. 통신, 과학 연구, 기상관측, 지피에스 등에 쓰인다.

인쇄기 책, 잡지, 신문 등을 인쇄하는 데 쓰는 기계.

인터넷 전 세계 컴퓨터를 연결하는 통신망.

일회용 플라스틱 한 차례만 사용한 뒤에 쓰레기로 버리거나 재활용하는 플라스틱.

자석 자기장을 생겨나게 하는 물체. 다른 자석이나 몇 가지 금속을 끌어당기는 성질이 있다.

재활용 버려진 물건을 쓸모 있는 것으로 바꾸는 일.

지피에스(GPS) 지구궤도를 도는 인공위성을 이용하여 위치를 알아내는 방법.

청동기시대 약 6,000년 전부터 4,000년 전까지 이어진 시대로 돌을 대신해 청동(구리와 주석을 섞어서 만든 금속)으로 무기 같은 주요 기구를 만들었다.

추 끈에 매달려 늘어진 물체. 좌우로 흔들릴 때 걸리는 시간이 일정하여 시계에 쓰인다.

해시계 햇빛으로 생기는 그림자를 이용해 시간을 재는 장치.

혁명 수많은 사람의 삶에 영향을 미치는 갑작스러운 큰 변화.

최근 인터넷 발명　1945년 핵폭탄 발명　1907년 플라스틱 발명

1903년 비행기 발명　　　　1886년 자동차 발명

옮긴이의 말

발명가의 이름이 나오지 않는 까닭은?

"아직까지 없던 기술이나 물건을 새로 생각하여 만들어 냄." 국어사전에 나오는 발명의 뜻입니다. 발명이 이루어지면 말 그대로 세상에 새로운 것이 나타납니다. 새로운 것은 세상을 변화시키지요.

자동차가 없던 조선 시대 선비들은 과거 시험을 보러 서울까지 걸어갔어요. 부산에서 출발해 서울에 도달하기까지 15일가량 걸렸어요. 과거 시험이나 장사처럼 특별한 볼일이 없는 사람들은 평생 고향을 벗어나지 않고 살았어요. 알고 지내는 사람도 대부분 같은 고향에서 태어난 사람들이었어요. 그들에게는 고향이 세상 전부였지요.

자동차를 비롯한 교통수단의 발명이 이런 삶에 변화를 가져왔어요. 처음에는 변화 속도가 더뎠어요. 영국에서 증기기관으로 달리는 자동차가 등장했을 때였어요. 증기 자동차를 몰고 도로를 달릴 때는 반드시 한 사람이 붉은 깃발을 들고 걸어야 했어요. 그 사람의 역할은 반대편에서 다가오는 마차에 자동차가 온다고 알리는 거였지요. 그러려면, 자동차를 앞서서 걸어야 하지 않느냐고요? 맞아요. 자동차를 앞서서 걷는 게 가능하냐고요? 가능했어요. 속도제한이 있었거든요. 도시에서는 시속 3킬로미터 이하로 달려야 했어요. 사람이 걷는 것보다도 느렸어요. 지금은 어떤가요? 몇 시간이면 도시와 도시를 오가고, 하루에 지구 반대편까지 날아가요. 그뿐인가요? 이제 우리가 사는 세계는 우주까지 넓어졌어요. 비록 몇 명 안 되지만 우주정거장에도 사람이 살고 있으니까요. 이렇게 한 사람이 사는 범위가 넓어진 건 교통수단 발명 덕분이지요.

이 책에는 발명가의 이름이 하나도 나오지 않아요. 처음에는 왜 그런지 궁금했어요. 그러다가 그 까닭을 알게 되었어요. 우리더러 발명가와 발명품에만 관심을 두지 말고, 발명이 일으킨 변화를 잘 살펴보라고 그런 거였어요. 그림도 발명품이 어떻게 작동하는지 잘 보여 주지 않아요. 그 대신에 발명이 우리 삶에 미친 영향을 재미있게 보여 주지요.

왜 변화를 잘 살펴보아야 할까요? 발명이 일으키는 변화가 늘 바람직한 건 아니기 때문이에요. 지금 우리는 지구가 뜨거워지는 걸 걱정하며 살아요. 화석연료를 사용하는 증기기관, 자동차 엔진, 비행기 엔진이 없었다면 이런 문제는 생기지 않았을 거예요. 교통수단을 발명한 사람들은 몰랐겠지만, 교통수단이 온실가스를 내뿜어 기후변화를 일으켰어요.

그럼, 다른 발명으로 기후변화를 해결할 수는 없을까요? 이미 기후변화를 해결하는 기술을 개발 중이에요. 그 기술이 기후변화를 깨끗하게 없앨 수도 있고, 자동차처럼 또 다른 문제를 일으킬지도 모르죠. 그런 기술을 사용해야 할까요? 우리가 함께 결정해야 해요. 그러려면 지식을 갖추고 올바로 판단해야 해요. 거기에 필요한 힘을 기르는 데 이 책이 좋은 출발점이 될 거예요.

옮긴이 신동경